마음을 전하는 1색 자수와 작은 선물

히구치 유미코 지음
서현아 옮김 | **헬렌정(최수정)** 감수

학산문화사

Prologue

들어가며

소중한 사람에게 선물을 하고 싶지만
어떤 것을 골라야 할지 몰라 고민할 때가 있습니다.
전하고픈 마음은 많은데 무슨 선물을 하면 좋을까?

그럴 때는 전하고픈 마음을 '글'에 담아
조그마한 1색 자수 선물을 만들어보면 어떨까요?

상대를 생각하며 만드는 선물에는
특별한 정성은 물론 자기 손으로 무언가를 만드는 즐거움이 담긴답니다.

단색이므로 처음 자수를 접하는 사람도 쉽게 만들 수 있고
심플하면서도 품위 있는 선물이 될 수 있을 것입니다.

남녀노소를 가리지 않고,
다양한 라이프스타일에 맞추어 누구나 쓸 수 있도록
여러 가지 소품에 기본적인 메시지를 담았습니다.

이 책을 통해 직접 만드는 즐거움과
소중한 사람을 생각하는 마음 따뜻한 시간을 느끼실 수 있기를 바랍니다.

좋아하는 색으로　　　　전하고픈 말을 담아

소중한 분에게 선물하세요.

차례

Words
Item
Item / How to make

Contents

For you
선물 포장
―
page.008 / 064

My Favorite
파우치
―
page.010 / 066

Bread
브레드 백
―
page.012 / 069

enjoy
코스터
―
page.014 / 070

Beautiful thing
링 필로
―
page.016 / 071

a to z
네임태그
―
page.018 / 072

THE FOODIE
부엌용 벙어리장갑
―
page.020 / 074

&
작은 선물 포장
―
page.022 / 076

LUNCH TIME SPECIAL
도시락보
―
page.024 / 077

Good Luck
펜케이스
―
page.026 / 078

Homemade
병뚜껑 커버
―
page.028 / 080

READING
북 커버
―
page.030 / 081

Happy Anniversary
카드
―
page.032 / 084

nice to meet you
아기 롬퍼스
—
page.034 / 088

delicious!
턱받이
—
page.035 / 086

Hello Sunshine
양산
—
page.038 / 089

a Simple Life is
a Beautiful Life
미니 에코백
—
page.040 / 090

0 to 9
키홀더
—
page.042 / 092

A to Z
키홀더
—
page.044 / 092

Break Time
티 코지
—
page.046 / 096

WELCOME
웰컴 플래그
—
page.048 / 099

Cheers
와인 백
—
page.050 / 102

CONGRATULATION
테이블클로스
—
page.051 / 104

DRESS UP
옷걸이 커버
—
page.052 / 108

Thank you/MERCI
손수건
—
page.054 / 111

자수를
시작하기 전에
—
page.056

·자수실에 대하여
·원단에 대하여
·도구에 대하여

기본 스티치
—
page.060

Special Thanks
히구치 마사키

Staff
사진/이가라시 타카히로 (520)
장정·본문 디자인/하야시 아이 (FOR)
편집·기획/히로세 나츠코

선물 포장

선물 주머니에 작은 메시지를 수놓아보자. 단순한 문구이므로 화사한 꽃무늬 천과도 잘 어울린다.

만드는 방법 page.064

파우치

쓰임새가 많은 작은 파우치는 선물용으로도 좋다. 좋아하는 것을 함께 나누고 픈 마음을 담아 친구나 가족에게 선물해보자.

만드는 방법 page.066

브레드 백

좋아하는 베이커리의 빵이나 직접 만든 빵을 선물할 때는 포장에도 자기만의 개성을 담아보자. 일상의 소박한 기쁨을 전하는 멋진 선물이 된다.

만드는 방법 page.069

Bread

빵

코스터

작은 꽃을 수놓은 코스터. 잔 바닥이 닿는 부분에 'enjoy'라는 글자도 함께 수놓았다. 마실 때마다 즐거운 이야기꽃이 필 것만 같다.

만드는 방법 page.070

Beautiful thing

16 아름다운 것

링 필로

곧 결혼할 커플에게 축하의 마음을 담아 선물하는 링 필로. 자수로 표현한 큰 나무 위에 두 사람의 소중한 반지를 묶어둔다.

만드는 방법 page.071

네임태그

타월이나 담요 등 두꺼운 천으로 된 물건에 수를 놓은 태그를 달아보자. 소문자로 된 이니셜이나 메시지가 포인트를 준다.

만드는 방법 page.072

abcdefg
hijklmn
opqrstu
vwxyz@

a to z

소문자 알파벳

부엌용 벙어리장갑

'THE FOODIE(식도락)'이
라는 글자와 아담과 이브
가 처음으로 먹은 과일인
사과를 부엌 장갑에 흠뻑
뿌리듯 수놓았다. 요리하기를
좋아하는 사람에게 선물하
기 좋은 아이템.

만드는 방법 page.074

22 앤드

작은 선물 포장

'You&I'. 언제나 당신과 함께한다는 마음을 담아 수놓았다. 특별한 의미가 깃든 액세서리부터 가벼운 과자류까지, 작은 선물을 담아 건네주기에 좋다.

만드는 방법 page.076

도시락보

매일매일 점심시간을 즐겁게 해줄 도시락보를 선물해 보자. 남녀를 가리지 않고 누구나 사용하기에 부담 없는 디자인이 매력적이다.

만드는 방법 page.077

Good Luck

행운을 빌어요

펜케이스

목표를 향해 오늘도 노력하는 사람을 위해, 언제나 사용하는 펜케이스에 응원하는 마음을 한 땀 한 땀 수놓아 선물하는 것은 어떨까.

만드는 방법 page.078

병뚜껑 커버

'Homemade'라는 단순한 문구가 귀여움을 더하는 수제 병뚜껑 커버. 집에서 만든 잼이나 병조림을 담아 선물할 때 좋다.

만드는 방법 page.080

북커버

독서 중이라는 의미의 'READING'을 수놓은 북커버는 독서를 즐기는 사람에게 선물하기 좋은 아이템. 남녀 모두에게 적합한 점잖은 디자인으로 완성됐다.

만드는 방법 page.081

독서 중

Happy Anniversary

기념일을 축하합니다

카드

생일이나 기념일에 직접 수 놓은 카드를 선물하는 것은 어떨까. 따뜻한 자수의 질감에 전하고픈 말이 한결 마음에 와 닿을 것이다.

만드는 방법 page.084

아기 롬퍼스 Rompers

처음 만나는 사람도 흐뭇하게 미소 지을 '반가워요' 메시지. 단순한 디자인이므로 사내아이에게나 여자아이에게나 모두 어울린다.

만드는 방법 page.088

턱받이

말 못하는 아기 대신 엄마를 기쁘게 해줄 'delicious!'라는 말을 곁들인 턱받이. 페이즐리 무늬가 멋스럽다.

만드는 방법 page.086

nice to meet you

반가워요

양산

뜨거운 여름 햇살을 가려주는 양산에 유쾌한 인사말을 곁들여보자. 햇살에 반짝이는 금색 자수실로 날갯짓하는 작은 새를 수놓았다.

만드는 방법 page.089

햇살아, 반가워

Hello Sunshine

미니 에코백

작은 에코백에 자연스레 어우러지는 문구를 수놓아보자. 걸음걸이마다 포인트로 달아둔 비즈가 반짝반짝 빛난다.

만드는 방법 page.090

a Simple Life is a Beautiful Life

심플한 생활이 아름답다

0 1 2 3
4 5 6
7 8 9

0 to 9

키홀더

단순한 모양이라서 한꺼번에 많이 만들기 편한 키홀더. 이니셜이나 방 번호 등을 수놓아 부담 없이 선물하기에 좋다.

만드는 방법 page.092

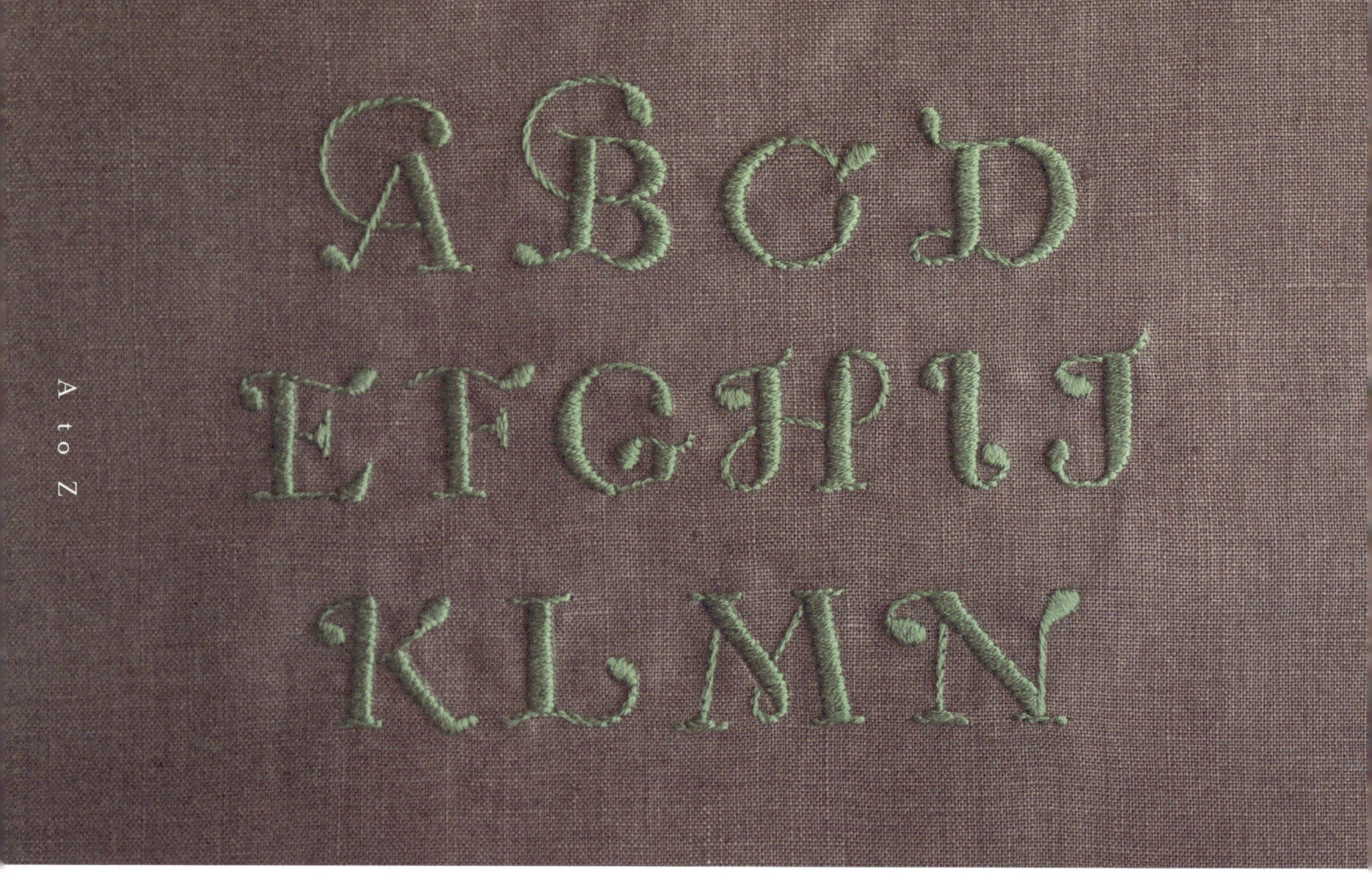

Break Time

쉬는 시간

티 코지

다양한 모양의 찻주전자와 찻잔을 수놓은 티 코지. 따뜻함이 오래가도록 지켜주어 티타임이 한결 즐거워진다.

만드는 방법 page.096

웰컴 플래그

우리 집에 어서 오세요. 반가운 손님을 초대하는 날, 환영하는 마음을 담아 현관에 웰컴 플래그를 살며시 걸어보자.

만드는 방법 page.099

우리 집에 어서 오세요

Cheers

와인 백

홈 파티 선물로 와인을 가져갈 때 유용한 와인 백. 와인 보틀 모양과 함께 '건배'라는 말을 곁들였다.

만드는 방법 page.102

테이블클로스

축하하는 자리의 분위기를 한결 돋위주는 특별한 테이블클로스. 케이크나 양초, 잔을 올려두는 등 자유로이 사용할 수 있다.

만드는 방법 page.104

옷걸이 커버

평소에 쓰던 옷걸이에 수를 놓은 커버를 씌워 장식해보자. 점잖은 디자인이므로 옷걸이에만 걸어두어도 멋진 실내 인테리어 소품이 된다.

만드는 방법 page.108

DRESS UP

드레스업

손수건

활용도가 높고 언제 받아도 기쁜 리넨 손수건. 'Thank you'는 남성에게, 'MERCI'는 여성에게, 늘 감사하는 마음을 담아 선물해보자.

만드는 방법 page.111

Basic Lesson

자수를 시작하기 전에

Thread 자수실에 대하여

이 책에서는 프랑스의 DMC 25번 자수실을 사용했습니다. 제가 갖고 있는 자수실은 대부분 바느질을 즐기던 어머니에게서 물려받은 것입니다. 요즘처럼 제조사나 제품이 다양하지 않았던 시절임에도 불구하고 DMC의 풍부한 색이 창작의욕을 자극했는지, 어머니의 바느질 상자에는 늘 당시 생산된 거의 모든 종류의 실이 들어 있었지요. DMC 자수실의 매력은 뭐니 뭐니 해도 아름다운 색상입니다. 두루두루 쓰이는 차분한 색도 많고, 옛날부터 변함없이 내려오는 색은 물론 새로운 색도 계속 추가되고 있지요. 어디서나 구하기 쉽다는 점도 DMC를 택하는 이유입니다.

One point advice

자수실은 가는 실 6가닥이 모여 굵은 실 한 묶음(약 8m)을 이룬다. 실 가닥수에 따라 바늘 굵기를 바꿔주는 것이 좋다. 바늘은 끝이 뾰족한 25번 자수용 바늘을 사용한다. 자수실 가닥수와 이 책에서 사용하는 클로버 바늘의 기준은 다음과 같다.
→【3호】6가닥 【5호】3~4가닥 【7호】1~2가닥

Linen   **원단에 대하여**

이 책에서는 색과 질감이 다양한 리넨을 사용하여 작은 선물용 소품을 만들었습니다. 리넨은 재질이 부드러워 감촉이 좋고 자수실과 아주 잘 맞죠. 리넨을 고를 때는 올이 가늘면서 가지런한 것이 좋습니다. 초보자는 밝은색 원단부터 시작하세요.

One point advice ｜ 리넨을 사용하기 전에는 물에 적셔서 변형이나 수축을 방지할 것. 넉넉한 미온수에 여러 시간 또는 하룻밤 동안 담갔다가 살짝 탈수한 후 그늘에서 말린다. 말린 후에는 반드시 다림질을 해서 올을 정돈해준다.

Tools
도구에 대하여

❶ **바늘·시침핀·핀 쿠션**

끝이 뾰족한 프랑스 자수용 바늘을 준비한다. 실 가닥수에 따라 굵기가 다른 바늘을 사용하면 편리하다. (page.056참조)

❷ **실 자르는 가위**

실을 자를 때 사용한다. 날 끝이 뾰족하고 잘 드는 것을 준비한다.

❸ **자수틀**

천을 팽팽하게 당겨 도안이 비뚤어지거나 실을 너무 당기지 않도록 잡아주는 도구. 직경은 10~12.5cm 정도이며 도안의 크기에 따라 사용한다. 틀에 천 테이프를 감아두면 천이 미끄러지거나 천에 틀 자국이 남는 것을 막을 수 있다.

❹ **재단 가위**

천을 자를 때 사용한다.

❺ **초크지**

천에 도안을 옮길 때 사용하는 수예용 복사지. 검정, 감색, 갈색 등 짙은 색 천에는 흰색 초크지를 사용한다.

❻ **트레이싱지**

도안을 베낄 때 사용하는 투사지. 얇은 것이 사용하기 편리하다.

❼ **셀로판지**

트레이싱지에 도안을 옮길 때 찢어지는 것을 방지한다.

❽ **트레이서★**

도안을 천에 옮겨 그릴 때 사용하는 도구. 볼펜으로 대신할 수도 있다.

❾ **실꿰기★**

실을 바늘구멍에 꿸 때 사용하면 편리하다.

※있으면 더욱 편리한 도구는 ★로 표시.

Standard Stitch

기본 스티치

이 책에서 다루는 스티치와 예쁘게 마무리하는 요령을 소개합니다. 8종류의 스티치만 완벽히 익혀도 자수의 세계가 훨씬 넓어지는 것을 느낄 수 있을 거예요.

스트레이트 스티치

 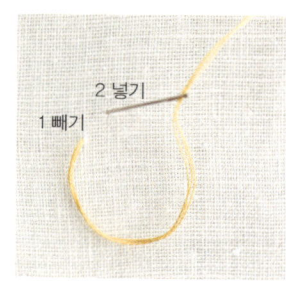

기본 스티치. 주로 짧은 선을 표현할 때 사용한다.

러닝 스티치

 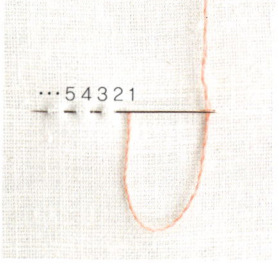

점선을 표현하는 스티치. 이 책에서는 면을 메울 때 사용한다.

체인 스티치

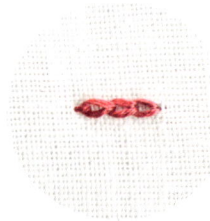

굵은 곡선을 표현할 때 사용한다. 테두리나 면을 메우는 데에도 적합. 바늘땀이 너무 커지지 않도록 같은 간격으로 수놓아야 모양이 예쁘다.

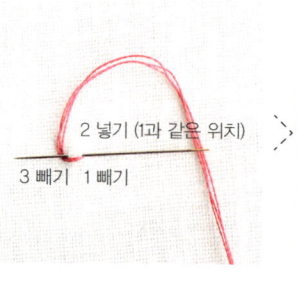 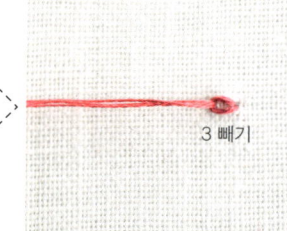 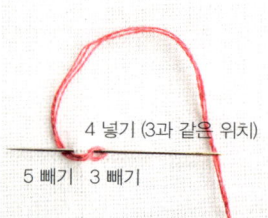

아웃라인 스티치

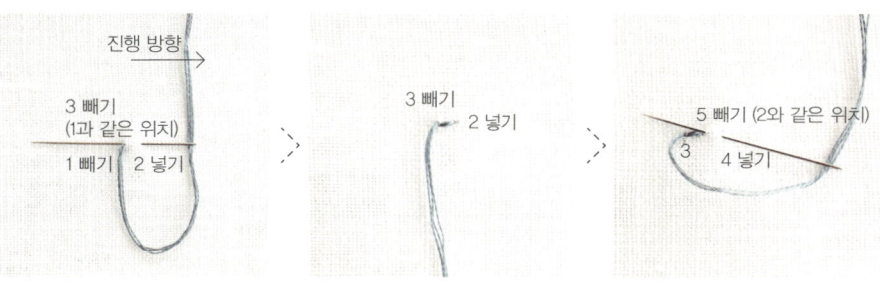

'1보 전진 후 반보 후퇴'를 되풀이하며 긴 선을 그릴 때 사용한다. 곡선에서는 바늘땀을 작게 잡으면 모양이 매끈해진다. 바늘이 들어가는 위치와 나오는 위치를 가지런히 맞추자.

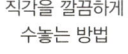

직각을 깔끔하게 수놓는 방법

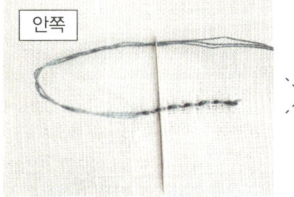

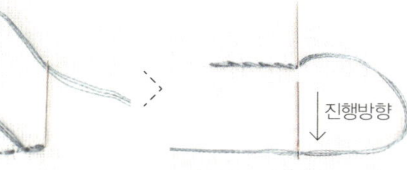
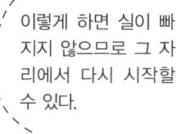

안으로 바늘을 빼내서 스티치한 실과 천 사이로 통과시킨다.

다시 같은 바늘구멍을 통해 바늘을 겉으로 빼낸다.

바늘을 완전히 빼낸 후 다시 수를 놓아간다.

이렇게 하면 실이 빠지지 않으므로 그 자리에서 다시 시작할 수 있다.

프렌치 노트 스티치

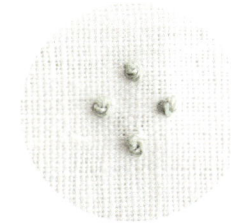

매듭을 이용한 스티치. 실 가닥수로 크기를 조절할 수 있다. 가닥수에 맞는 바늘을 사용하여 수를 놓자. (page.056 참조)

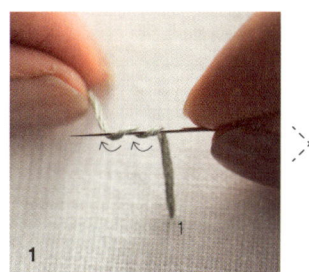
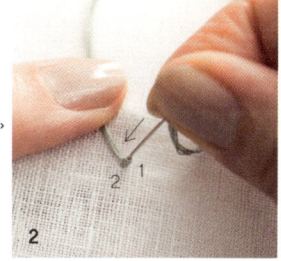

1. 실을 바늘에 두 번 감는다.

2. 감은 실을 손가락으로 누르면서 바늘을 빼낸 1에서 0.1mm 정도 떨어진 2에 바늘을 꽂아 실을 당기고, 손가락으로 누르면서 바늘을 아래로 완전히 빼낸다.

One point advice | 프렌치 노트 스티치는 눌리기 쉬우므로 맨 마지막에 놓는다.

새틴 스티치

실을 평행하게 건네어 면을 메우는 스티치. 입체감을 살리기 위해 아웃라인 스티치로 테두리를 만든 후 속수를 놓고 새틴 스티치를 놓는다. 실이 가지런히 놓이도록 주의할 것. 느슨하게 수놓으면 포근한 느낌이 난다.

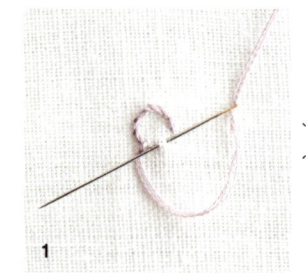

1

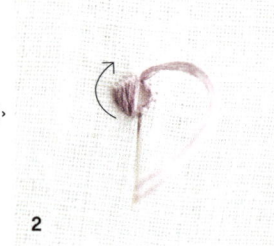

2

1. 아웃라인 스티치(3가닥)로 테두리를 만든다.
2. 6가닥 실로 테두리를 덮어씌우듯 수놓는다.

One point advice — 지정된 가닥수대로 실을 가지런히 정돈한 다음 수를 놓는다. 실만 가지런해도 훨씬 예쁘게 보인다.

레이지 데이지 스티치

꽃잎 등 작은 무늬를 표현할 때 사용하는 스티치.

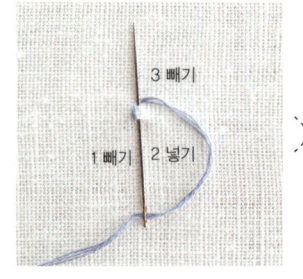

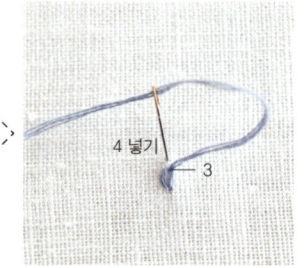

레이지 데이지+스트레이트 스티치

레이디 데이지 스티치 위를 덮듯이 스트레이트 스티치를 한두 땀 놓는다. 볼륨감 있는 타원을 표현할 수 있다.

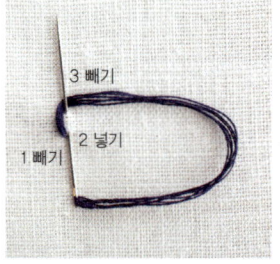

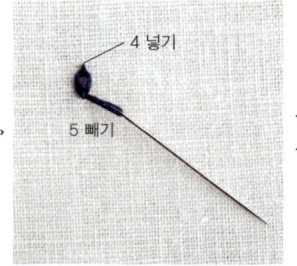

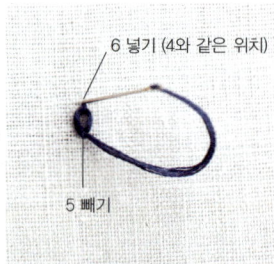

실 다루는 법

실 묶음에서 60cm 정도를 빼내어 자르고, 거기에서 필요한 만큼 1가닥씩 빼낸다. 실을 바늘에 꿴 다음 가운데를 접어 지정된 가닥수로 맞춘다.

실 보관법

5×7cm 정도로 자른 두꺼운 종이로 실패를 만들고 번호를 표기해서 실을 감아둔다. 실패 위아래에 0.8cm 정도로 홈을 만들면 실 끝을 끼워서 고정할 수 있다.

자수의 시작과 마무리

자수를 시작하는 위치는 자유. 소품을 만들 때는 실 끝에 구슬매듭을 지어 시작하고 구슬매듭으로 끝내야 한다. 같은 도안이라도 2cm 이상 바늘땀이 떨어지면 구슬매듭을 짓는다.

원 포인트 레슨
구슬매듭

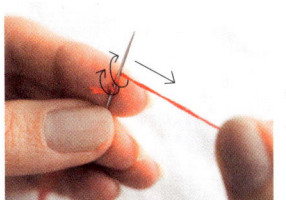

실을 꿴 바늘 끝과 실 끝을 맞춘다.

바늘 끝에 두 번 정도 실을 감는다.

감은 부분을 손가락으로 누르면서 바늘을 당겨 뽑는다.

One point advice

마무리할 때도 방법은 같다. 엉키지 않도록 천천히 실을 당기자.

How to make
만드는 방법

※〈완성 사이즈〉……본체의 사이즈, 가로×세로. 손잡이 등은 포함되지 않는다.
※〈재료〉……끈이나 천을 준비할 때의 대략적인 기준.
　　　가로×세로(5cm 정도 여유분을 두고 기재).
※S는 스티치의 약칭. ( ) 안의 숫자는 실의 가닥수를 나타낸다.
※확대율이 표시되지 않은 도안이나 패턴은 실물 크기.
　　　확대율이 표시된 도안은 확대복사해서 사용한다.
※도안의 표시 단위는 cm를 쓴다.

For you
선물 포장

page.008

도안 옮기는 법

1. 사용할 도안에 트레이싱지를 얹고 가는 펜으로 베낀다. 다 베꼈으면 사진처럼 천, 초크지(초크가 묻은 면이 천에 닿도록 한다), 트레이싱지, 셀로판지 순으로 얹고 시침핀으로 고정한다.

〈사용하는 도구〉
· 초크지　　· 트레이서
· 트레이싱지　· 가는 펜
· 셀로판지　· 시침핀

2. 트레이서로 도안을 살살 눌러가며 따라 그린다. 검은색 등 짙은 색 천에는 흰색 초크지를, 연한 색 천에는 색깔 있는 초크지를 사용한다.

> **One point advice**
> 짙은 색 천은 트레이싱지에 베낀 도안을 마스킹 테이프 등으로 밝은 유리창에 고정한 다음 그 위에 천을 대고 비치는 그림을 초크로 따라 그려도 된다.

〈완성 사이즈〉
13×24cm

〈25번 자수실〉……1묶음
도안 : DMC B5200(흰색)
아이템 : DMC B5200(흰색)/DMC 931(파랑)

〈재료〉
겉감 : 리넨(하늘색/꽃무늬) 20×55cm 1장
2.5cm 폭의 벨벳 리본(네이비) 50cm 1줄

〈만드는 방법〉

1. 겉감 겉에 도안을 옮기고 수를 놓는다. 오른쪽 그림의 4변에 시접 1.5cm를 남기고 재단한다.

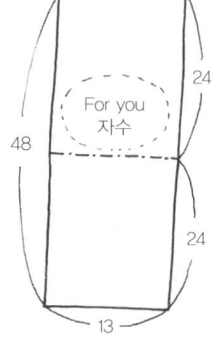

2. 주머니 입구 부분을 두 번 접어 재봉틀로 박는다.

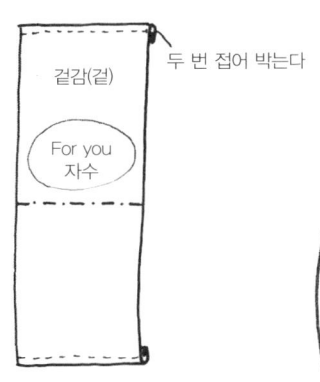

겉감(겉)

For you
자수

두 번 접어 박는다

3. 2를 겉끼리 맞닿게 반으로 접고 양옆을 박는다.

4. 3의 양쪽 시접을 0.3cm 남기고 자른다.

5. 겉으로 뒤집어 모양을 바로잡고 양옆 가장자리에서 0.5cm 들어온 곳을 박는다.

6. 선물을 넣고 벨벳 리본으로 묶는다.

2줄 체인 S(3)로 메운다

My Favorite 파우치

page.010

<완성 사이즈>
20×15cm

<25번 자수실>……2묶음
도안:DMC 3721(핑크)
아이템:DMC 310(검정)
※태슬용 DMC 310(검정) 1묶음

<재료>
겉감: 리넨(핑크) 25×35cm 1장
안감: 리넨(흰색&핑크 스트라이프 천)
      25×35cm 1장
지퍼(검정) 20cm 1개
태슬(검정) 1개
(7cm의 두꺼운 종이에 자수실을
20번 정도 감아서 만든 것)

<만드는 방법>

1. 아래 그림의 4변에 시접 1cm를 남기고 재단한 다음, 겉감 겉에 도안을 옮기고 수를 놓는다.

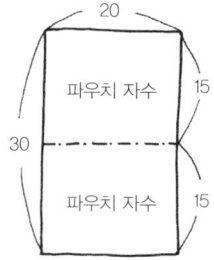

2. 겉감 위쪽 끝과 지퍼를 겉끼리 맞대고, 지퍼 한쪽 가장자리에서 0.5cm 되는 위치와 겉감 위쪽 끝을 박는다. 겉감을 겉끼리 맞닿게 접고 아래쪽 끝과 나머지 지퍼 한쪽도 똑같이 박는다.

3. 겉감을 겉끼리 맞대고 지퍼가 달린 입구의 시접 1cm를 안으로 접은 후 양쪽을 주머니 모양으로 박는다.

4. 안감도 마찬가지로 재단해서 입구를 남기고 양쪽을 박는다.

5. 안주머니 입구의 시접 1cm를 안으로 접어 안주머니를 겉으로 뒤집고 3의 겉주머니에 씌운다.

6. 안주머니와 겉주머니의 입구를 맞대고 감침질을 한다.

7. 6을 겉으로 뒤집어 모양을 정돈하고 지퍼에 태슬(page.100의 태슬 만드는 방법 참조)을 단다.

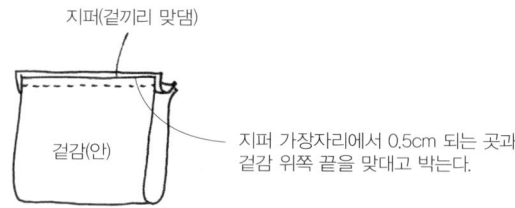

(120% 확대해서 사용)

패턴 (200% 확대해서 사용)

Bread
브레드 백

page.012

<완성 사이즈>
A. 긴 바게트용 : 14×50cm 1장
B. 보통 빵용 : 25×30cm 1장

<25번 자수실> …… 1묶음
도안&아이템 : DMC817(빨강)

<재료>
겉감 : 리넨 (흰색/베이지) A : 35×55cm 1장, B : 55×35cm 1장
안감 : 리넨 (흰색/베이지) A : 35×55cm 1장, B : 55×35cm 1장

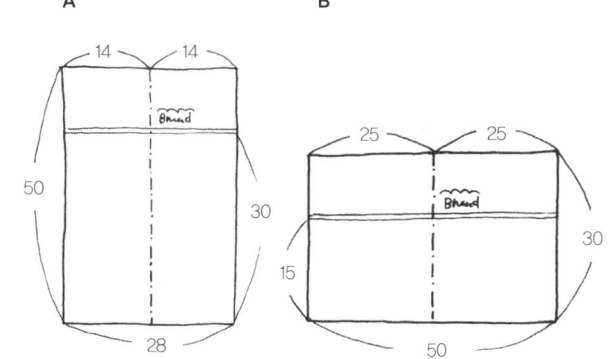

<만드는 방법>

1. 겉감 겉에 도안을 옮기고 수를 놓는다. 왼쪽 그림의 4변에 시접 1cm를 남기고 재단한다.

2. 겉감을 겉끼리 맞닿게 접고 옆과 아래를 주머니 모양으로 박는다.

3. 안감도 마찬가지로 재단해서 옆면 가운데에 창구멍 5cm를 남기고 겉감처럼 주머니 모양으로 박는다.

4. 겉주머니와 안주머니를 겉끼리 맞닿도록 겹치고 주머니 입구를 박는다.

5. 창구멍을 통해 겉으로 뒤집어 모양을 정돈하고, 감침질해서 창구멍을 막는다.

※글자 중 굵은 부분은 체인 S(3) 2줄로 메운다.

enjoy
코스터

page.014

코스터
자수
12
12

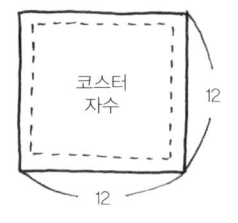

<완성 사이즈>
12×12cm

<25번 자수실>……1묶음
도안 : DMC ecru(원사)
아이템 : DMC 334(하늘색)

<재료>
겉감 : 리넨(흰색) 15×15cm 1장
안감 : 리넨(흰색) 15×15cm 1장

<만드는 방법>

1. 겉감 겉에 도안을 옮기고 수를 놓는다. 위 그림의 4변에 시접 1cm를 남기고 재단한다.

2. 안감도 마찬가지로 재단해서 겉감과 안감을 겉끼리 맞댄 다음 창구멍 3cm를 남기고 빙 둘러 박는다.

3. 시접을 0.5cm 남기고 자른 후 창구멍을 통해 겉으로 뒤집는다.

4. 모양을 정돈하고 감침질해서 창구멍을 막는다.

프렌치 노트 S(3)
아웃라인 S(2)
레이지 데이지 S(2)
체인 S(2)
프렌치 노트 S(2)
enjoy
새틴 S(6)

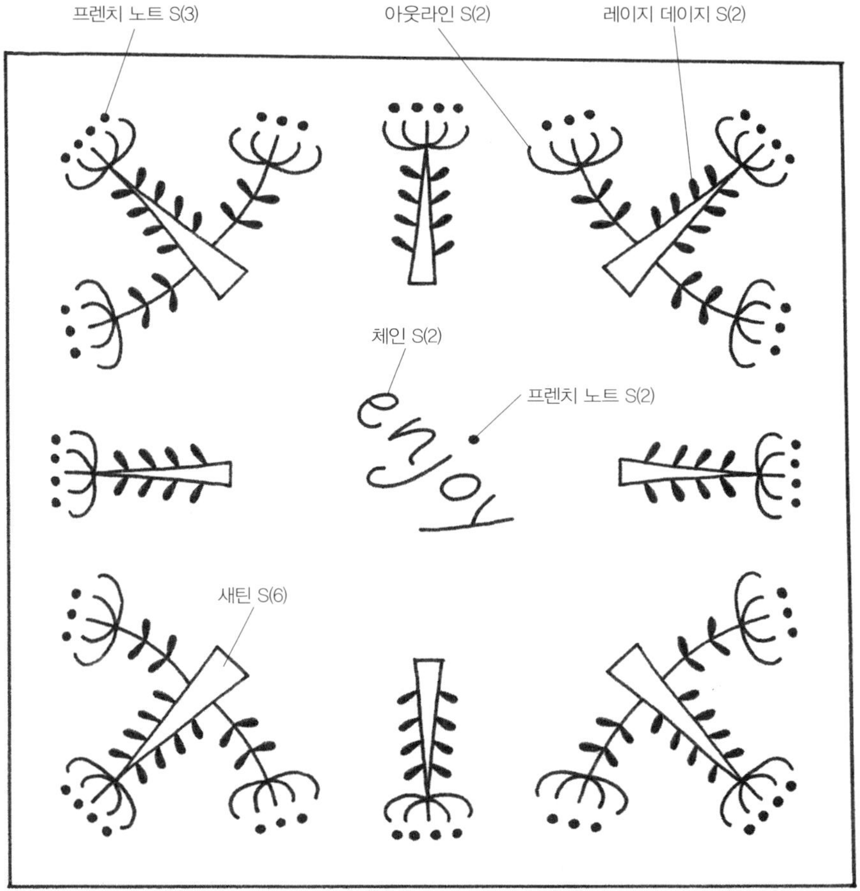

Beautiful thing
링 필로

page.016

<완성 사이즈>
14×10cm

<25번 자수실>……1묶음
도안 : DMC 842(베이지)
아이템 : DMC ecru(원사)

<재료>
겉감 : 리넨(퍼플) 20×15cm 1장
안감 : 리넨(퍼플) 20×15cm 1장
0.2cm 폭의 새틴 리본 30cm 2줄
수예용 솜 적당량

<만드는 방법>

1. 겉감 겉에 도안을 옮겨 수를 놓는다. 오른쪽 그림의 4변에 시접 1cm를 남기고 재단한다.

2. 안감도 마찬가지로 재단해서 겉감과 안감을 겉끼리 맞댄 다음 창구멍 5cm를 남기고 빙 둘러 박는다.

3. 창구멍을 통해 겉으로 뒤집어 모양을 정돈하고, 창구멍으로 수예용 솜을 채운다.

4. 창구멍을 감침질해서 막고 리본을 단다.

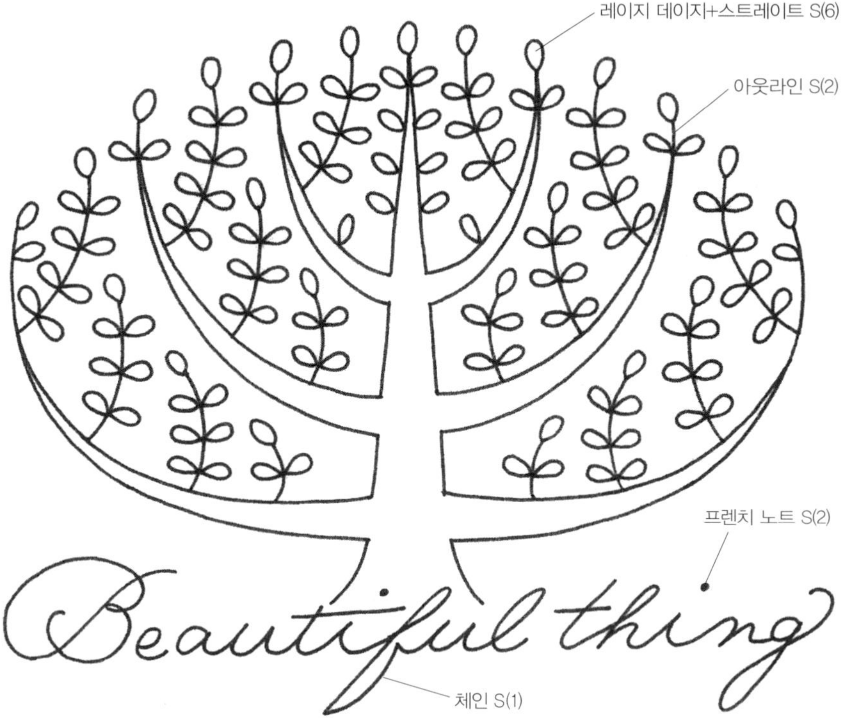

레이지 데이지+스트레이트 S(6)
아웃라인 S(2)
프렌치 노트 S(2)
Beautiful thing
체인 S(1)

14
10
링 필로 자수

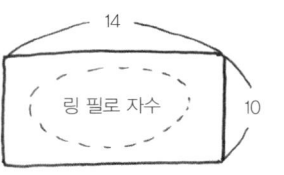

One point advice

체인 스티치로 필기체를 표현할 때는 글자 쓰는 순서에 따라 수 놓으면 깔끔하게 마무리된다.

a to z / 네임 태그
page.018

<25번 자수실>……1묶음
도안 : DMC 817(빨강)
아이템 : DMC 817(빨강) / DMC ecru(원사)

<재료>
겉감 : 리넨 15×10cm 1장

<만드는 방법>

도안을 옮겨 수를 놓은 다음, 4변을 안으로 접고 원하는 위치에 감침질을 해서 고정한다.

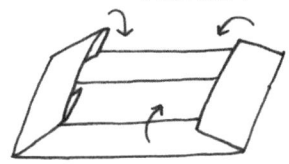

네 변을 접는다

papa — 체인 S(2)

mama — 체인 S(2) / 체인 S(2)

love — 아웃라인 S(1)

※지정된 곳 외에는 모두 체인 S(2)

THE FOODIE
부엌용 벙어리장갑

page.020

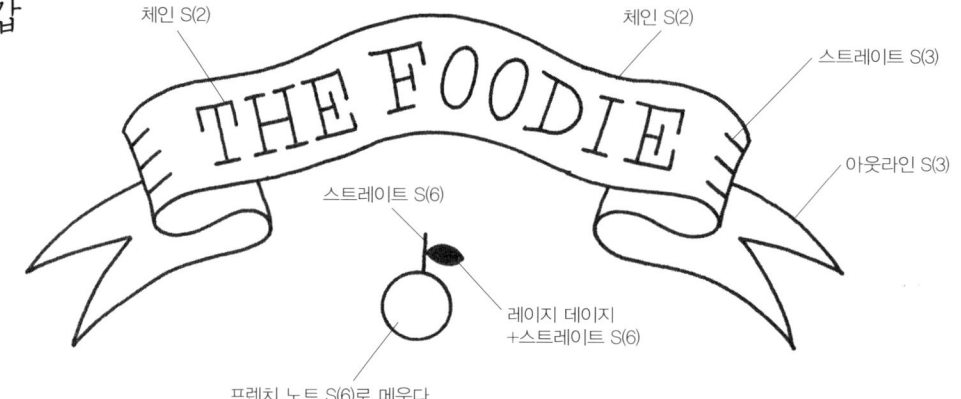

<완성 사이즈>
18×28cm(오른손용)

<25번 자수실>……1묶음
도안 : DMC 319(초록)
아이템 : DMC ecru(원사)

<재료>
겉감 : 리넨(초록) 25×35cm 2장
안감 : 퀼트지(원사) 25×35cm 2장

<만드는 방법>

1. 겉감 한 장에 도안을 옮기고 수를 놓는다.
2. 겉감 두 장의 안쪽에 패턴을 옮긴 후(겉감 한 장에는 그대로, 다른 한 장에는 뒤집어 옮긴다) 시접 1cm를 남기고 재단한다.
3. 겉감을 겉끼리 맞대 주머니 모양으로 박는다.
4. 안감도 마찬가지로 패턴을 옮겨 재단하고 옆 가운데쯤에 창구멍 5cm를 남겨 주머니 모양으로 박는다.
5. 3과 4의 시접을 0.5cm 남기고 자른다. 곡선 부분의 시접에는 가위집을 넣으면 뒤집었을 때 모양이 깔끔해진다.
6. 겉주머니와 안주머니를 겉끼리 맞닿도록 겹치고 주머니 입구를 박는다.
7. 창구멍을 통해 겉으로 뒤집어 모양을 정돈하고 감침질해서 창구멍을 막는다.

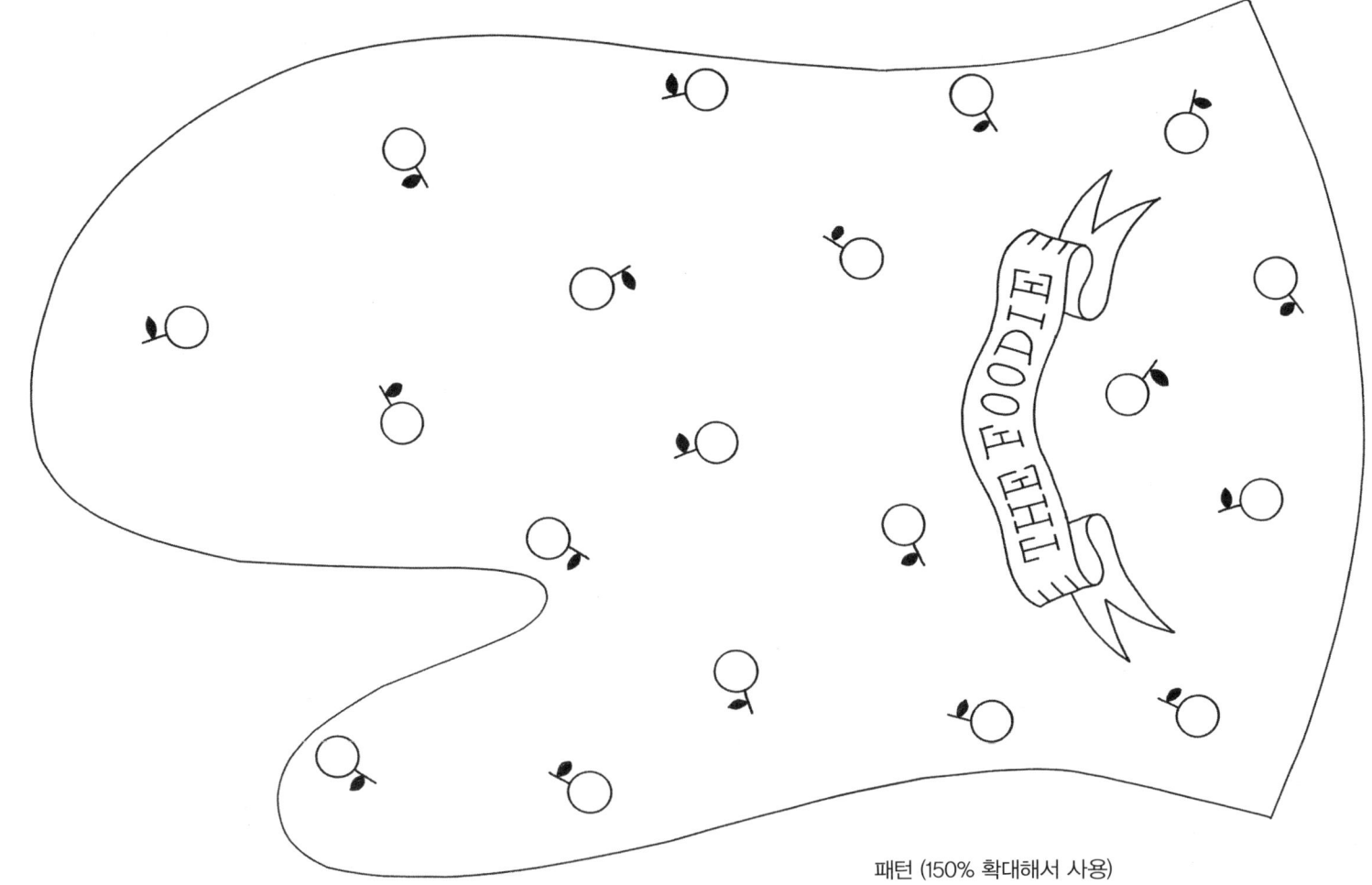

패턴 (150% 확대해서 사용)

& / 작은 선물 포장
page.022

<완성 사이즈>
13×11cm

<25번 자수실>……1묶음
도안 : DMC 794(하늘색)
아이템 : DMC 310(검정)

<재료>
겉감 : 코튼(파란 스트라이프) 20×15cm 1장
안감 : 코튼(파란 스트라이프) 20×15cm 1장
폭 0.5cm의 코튼 리본 30cm 1줄

<만드는 방법>

1. 겉감 겉에 도안을 옮기고 수를 놓는다. 안쪽에 패턴을 옮겨 그린 다음, 시접 1.5cm를 남기고 재단한다.

2. 주머니 입구를 두 번 접어 박는다. (※그림A 참조)

3. 안감도 마찬가지로 재단해서 박는다.

4. 3의 겉감과 안감을 겉끼리 맞댄 다음 양 옆을 박는다.

5. 4의 양 옆 시접을 0.3cm 남기고 자른다.

6. 겉으로 뒤집어 모양을 정돈하고 양 옆 가장자리에서 0.5cm 들어온 곳을 박는다. (※그림B 참조)

7. 선물을 넣고 코튼 리본으로 묶는다.

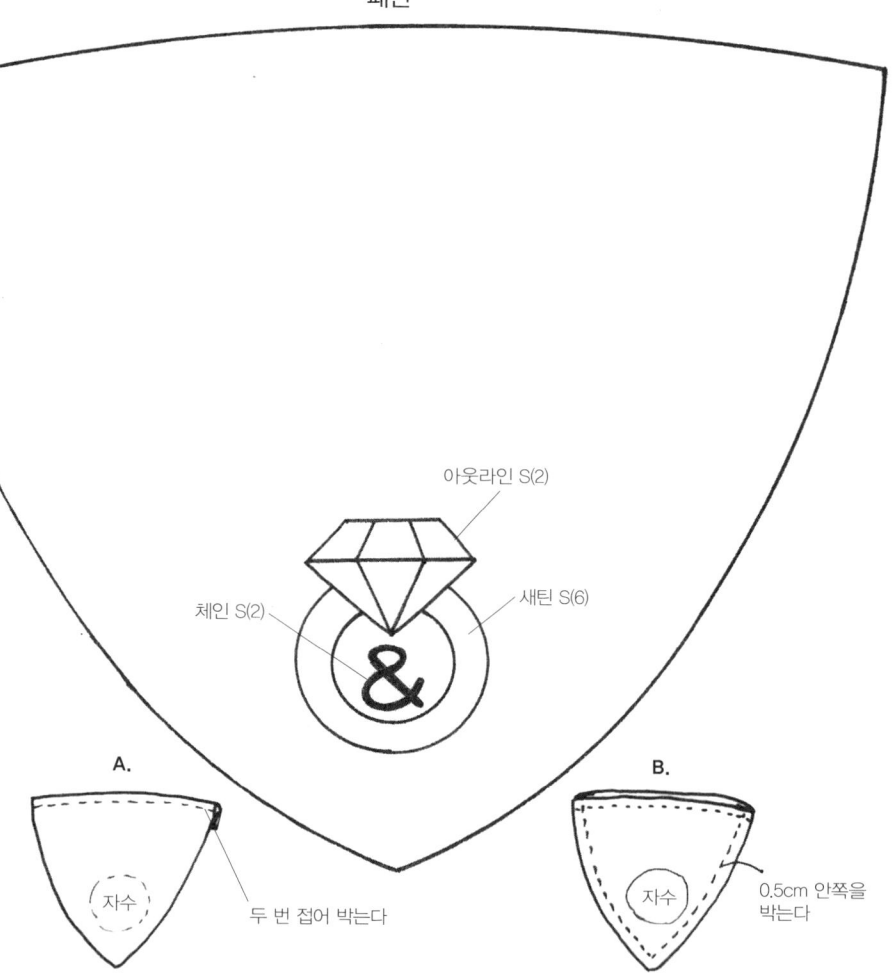

LUNCH TIME SPECIAL
도시락보

page.024

<완성 사이즈>
60×60cm

<25번 자수실>······1묶음
도안: DMC 840(베이지)
아이템: DMC 739(크림색)

<재료>
시판되는 리넨 보자기
또는 리넨 60×60cm 1장

<만드는 방법>

마음에 드는 보자기 끝에 도안을 옮겨서 수를 놓는다.

아웃라인 S(3)
2줄 체인 S(3)로 메운다
체인 S(6)
새틴 S(6)

One point advice ★모양은 미리 송곳 등으로 가운데에 구멍을 뚫어두고 수를 놓으면 쉽다.

Good Luck / 펜케이스
page.026

<완성 사이즈>
18×7cm (접었을 때)

<25번 자수실>······4묶음
도안 : DMC 644(아이보리)
아이템 : DMC 823(네이비)

<재료>
겉감 : 리넨(원사) 25×30cm 1장
안감 : 리넨(파란 스트라이프) 25×30cm 1장
0.3cm 폭의 끈(갈색) 45cm 2줄

2줄의 체인 S(3)로 메운다

새틴 S(6)

<만드는 방법>

1. 겉감 겉면에 도안을 옮기고 수를 놓는다. 안쪽 면에 패턴을 옮겨 그린 다음 시접 1cm를 남기고 재단한다.

2. 안감도 마찬가지로 재단하고, 끈을 그림과 같이 위쪽 꼭대기에 끼운 다음 겉감과 안감을 겉끼리 맞춰 창구멍 5cm를 남기고 박는다. (※그림A 참조)

3. 시접을 0.5cm 남기고 자른다. 곡선 부분의 시접에는 가위집을 넣으면 뒤집었을 때 모양이 깔끔해진다.

4. 창구멍을 통해 겉으로 뒤집어 모양을 정돈하고 감침질해서 창구멍을 막는다.

5. 펜을 넣을 곳을 7cm 폭으로 접어 양 끝을 감침질해서 막는다. (※그림B 참조)

패턴 (200% 확대해서 사용)

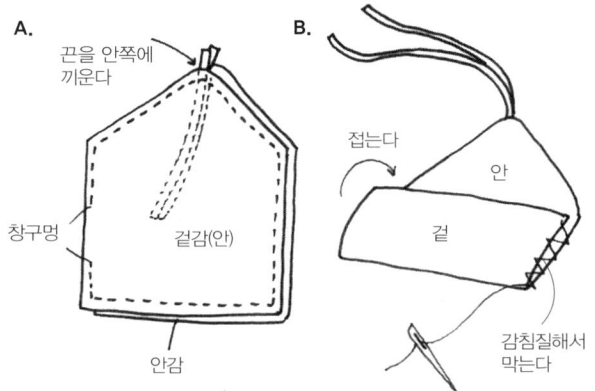

Homemade
병뚜껑 커버
page.028

One point advice

여기서 병 사이즈는 직경 6cm 정도. 더 큰 병을 사용할 때는 힘들게 글자 크기를 키우지 말고 테두리의 2줄 스티치 부분만 확대해서 사용하자.

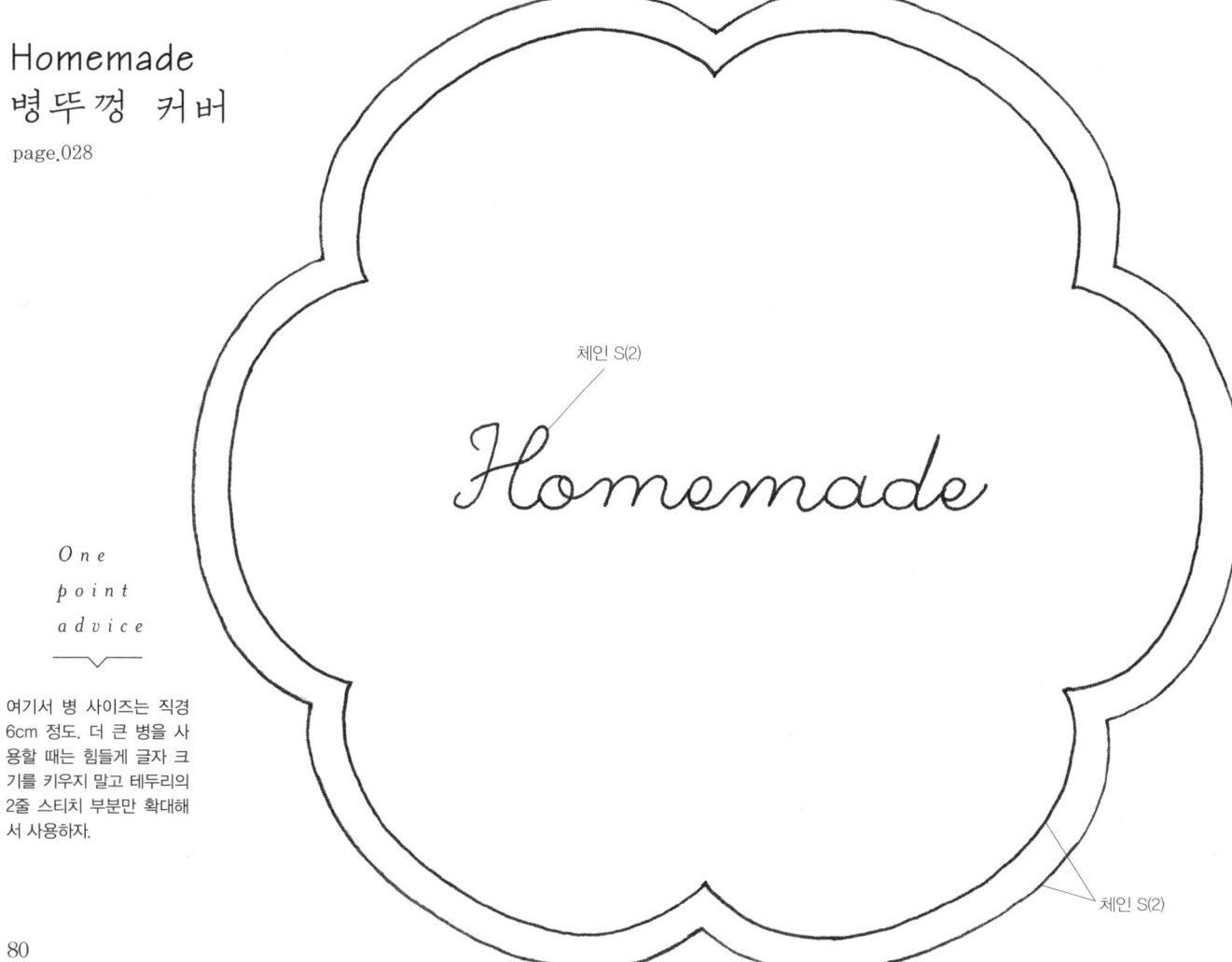

체인 S(2)

체인 S(2)

<완성 사이즈>
16×16cm

<25번 자수실>……1묶음
도안&아이템 : DMC 824(파랑)

<재료>
겉감 : 리넨(원사) 20×20cm 1장
마 끈 : 50cm 1줄
병 : 직경 6cm

<만드는 방법>

1. 겉감 겉면에 도안을 수놓은 다음, 테두리 스티치에서 0.3cm를 남기고 재단한다.

2. 준비한 병뚜껑 위에 1을 씌우고 마 끈으로 묶는다.

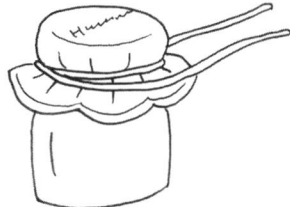

One point advice 〉 마 끈을 털실이나 리본으로 바꾸거나 태그를 다는 것도 좋다. 테두리 스티치만 갈색으로 바꿔도 훨씬 멋스럽다. 리넨이므로 가장자리 처리를 따로 하지 않아도 소박하면서 귀여운 맛이 난다.

READING
북 커 버
page.030

<완성 사이즈>
31×16cm(문고판 사이즈)

<25번 자수실>……1묶음
도안 : DMC ecru(원사)
아이템 : DMC 645(회색)

<재료>
겉감 : 리넨(노랑) 45×20cm 1장
안감 : 리넨(회색) 45×20cm 1장
끈 : 리넨(노랑) 8×20cm 1장

스트레이트 S(3)
아웃라인 S(3)
아웃라인 S(1)
체인 S(3)
스트레이트 S(3)
프렌치 노트 S(3)

패턴 (120% 확대해서 사용)

접는 부분

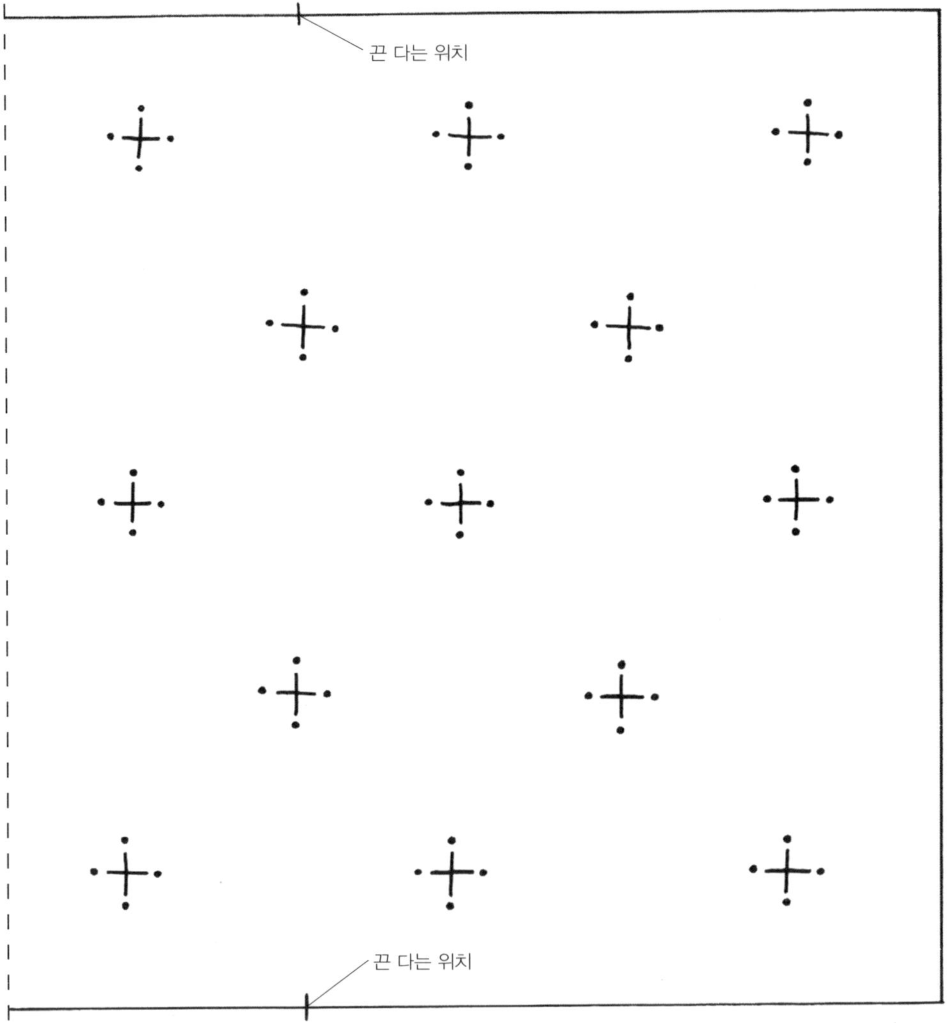

<만드는 방법>

1. 끈 용도의 천을 2cm 폭이 되도록 세 번 접고 가장자리를 박는다.

2. 겉감 겉면에 도안을 옮기고 수놓은 다음, 시접 1cm를 남기고 재단한다.

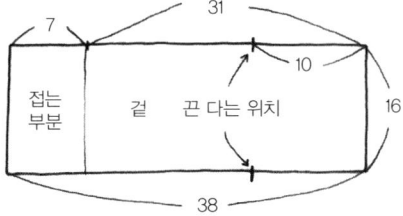

3. 안감도 마찬가지로 재단한다. 1의 끈을 그림 위아래 위치에 맞추어 대고, 겉감과 안감을 겉끼리 맞댄 다음 창구멍 5cm를 남기고 박는다.

4. 시접을 0.5cm 남기고 자른다.

5. 창구멍을 통해 겉으로 뒤집어 모양을 정돈하고 감침질해서 창구멍을 막는다.

6. 책 표지가 들어갈 부분 7cm를 접고 위아래를 감침질한다.

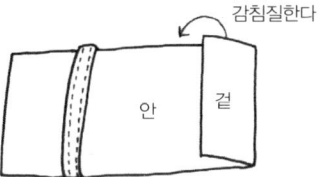

Happy Anniversary 카드

page.032

<완성 사이즈>
11×15cm

<25번 자수실>……1묶음
도안 : DMC ecru(원사)
아이템 : DMC 321(빨강)/DMC ecru(원사)

<재료>
겉감 : 리넨(빨강/흰색) 12×12cm 1장
두꺼운 종이(갈색) : 겉지 22×15cm 1장
　　　　　　　　속지 10.7×15cm 1장
목공용 본드
커터

<만드는 방법>

1. 겉감 겉면에 도안을 옮기고 수를 놓는다.

2. 겉지를 반으로 접어 오른쪽 반의 중앙에 패턴을 옮겨 그리고 커터로 잘라낸다.

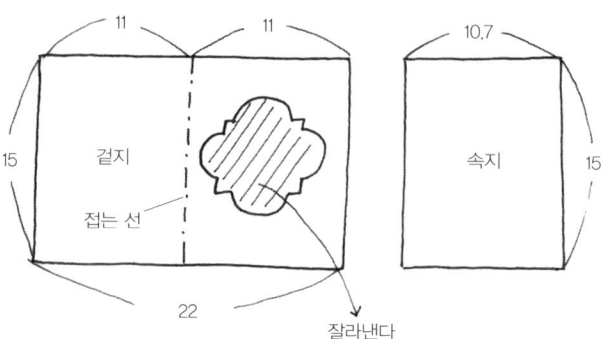

3. 겉지 안쪽에 본드를 바르고, 잘라낸 구멍으로 1의 자수가 드러나도록 수놓은 천을 댄다. 속지에도 본드를 발라 천 위를 덮는다.

4. 자수 부분이 망가지지 않을 정도로 눌러두고 몇 시간 동안 건조시킨다.

One point advice : 두꺼운 종이는 접는 선을 따라 트레이서나 잉크가 없는 볼펜으로 금을 그어 두면 깔끔하게 접힌다.

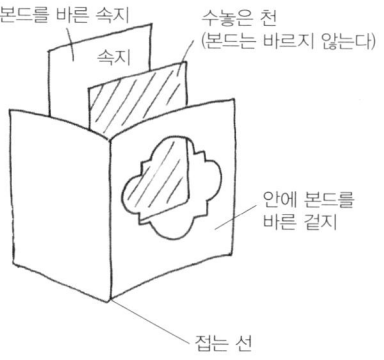

패턴

레이지 데이지 S(2)

체인 S(2)로 메운다

※지정된 곳 외에는 모두 체인 S(2)

delicious!
턱받이
page.035

<완성 사이즈>
19.5×26cm

<25번 자수실>……1묶음
도안: DMC 823(네이비)
아이템: DMC ecru(원사)

<재료>
겉감: 리넨(네이비) 25×30cm 1장
안감: 리넨(네이비) 25×30cm 1장
직경 2.5cm의 둥근 벨크로 1쌍

<만드는 방법>

1. 겉감 겉면에 도안을 옮기고 수를 놓는다. 안쪽에 패턴을 옮겨 그린 다음 시접 1cm를 남기고 재단한다.

2. 안감도 마찬가지로 재단해서 겉감과 안감을 겉끼리 맞댄 다음 창구멍 5cm 정도를 남기고 빙 둘러 박는다. (※그림A 참조)

3. 2의 시접을 0.5cm 남기고 자른다. 곡선 부분의 시접에는 가위집을 넣으면 뒤집었을 때 모양이 깔끔해진다.

4. 창구멍을 통해 겉으로 뒤집어 모양을 정돈하고 감침질해서 창구멍을 막는다.

5. 벨크로를 단다. (※그림B 참조)

A.
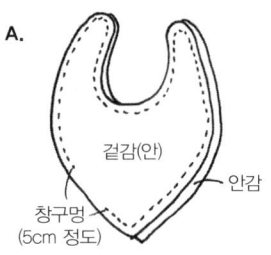
겉감(안)
안감
창구멍 (5cm 정도)

B.
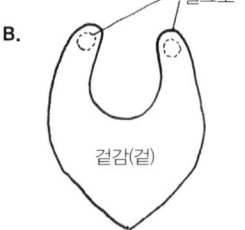
벨크로
겉감(겉)

패턴 (200% 확대)

nice to meet you
아기 롬퍼스

page.034

<완성 사이즈>
19.5×26cm

<25번 자수실>……1묶음
도안:DMC B5200(흰색)
아이템:DMC 3820(노랑)

<재료>
시판되는 아기용 롬퍼스

<만드는 방법>
롬퍼스의 원하는 위치에 도안을 옮겨 수를 놓는다.

스트레이트 S(6)

2줄 체인 S(3)로 메운다

Hello Sunshine
양산

page.038

<25번 자수실>……1묶음
도안 : DMC 832(노랑)
아이템 : Anchor Lame303 Gold(금색)

<재료>
시판되는 리넨 양산

<만드는 방법>
양산에 도안을 옮기고 수를 놓는다.

프렌치 노트 S(4)

레이지 데이지+스트레이트 S(6)

체인 S(2)로 메운다

프렌치 노트 S(6)로 메운다

※지정된 곳 외에는 모두 체인 S(2)

One point advice : 전체 도안에서는 테두리에 가려져 있던 새 무늬. 한 마리 또는 여러 마리를 용도에 맞게 자유로이 사용해 보자.

a Simple Life is a Beautiful Life
미니 에코백

page.040

<완성 사이즈>
18×25cm

<25번 자수실>……1묶음
도안:DMC 535(회색)
아이템:DMC 3064(베이지 핑크)

<재료>
겉감:리넨(회색) 40×30cm 1장
안감:리넨(회색) 40×30cm 1장
손잡이 끈:리넨(회색) 30×5 2장
비즈 5개

<만드는 방법>

1. 손잡이 끈용 천을 세 번 접어 양쪽 가장자리를 박는다. 손잡이는 두 개 만든다.

2. 겉감 겉면에 도안을 옮기고 수를 놓는다. 오른쪽 그림의 4변에 시접 1cm를 남기고 재단한다.

3. 겉감을 겉끼리 맞대서 반으로 접고 옆과 아래쪽을 주머니 모양으로 박는다.

4. 안감도 마찬가지로 재단해서 옆면 가운데에 창구멍 5cm를 남기고 겉감처럼 주머니 모양으로 박는다.

5. 겉주머니와 안주머니를 겉끼리 닿도록 겹치고, 손잡이를 그림의 위치에 끼운 다음 주머니 입구를 박는다.

6. 창구멍을 통해 겉으로 뒤집어 모양을 정돈하고 감침질해서 창구멍을 막는다.

손잡이 다는 위치

4.5 4.5

25

18 18

36

One point advice — 비즈를 다는 대신 프렌치 노트 스티치(4가닥)로 바꿔도 좋다.

마음에 드는 비즈를 단다

체인 S(2)

a Simple Life is a Beautiful Life

0 to 9 / A to Z
키홀더
page.042

패턴

<25번 자수실>……1묶음
도안 : DMC 367(초록), DMC 900(오렌지), DMC 3852(노랑)
아이템 : DMC ecru(원사), DMC 817(빨강), DMC 413(회색)

<재료>
겉감 : 리넨 15×10cm 1장
안감 : 펠트(검정) 15×10cm 1장
두꺼운 종이 : 15×10cm 1장
직경 0.7cm 고리(금색) 1개

<도구>
목공용 본드
펜치

One point advice

종이는 휘어지지 않도록 충분히 두꺼운 것을 쓴다.

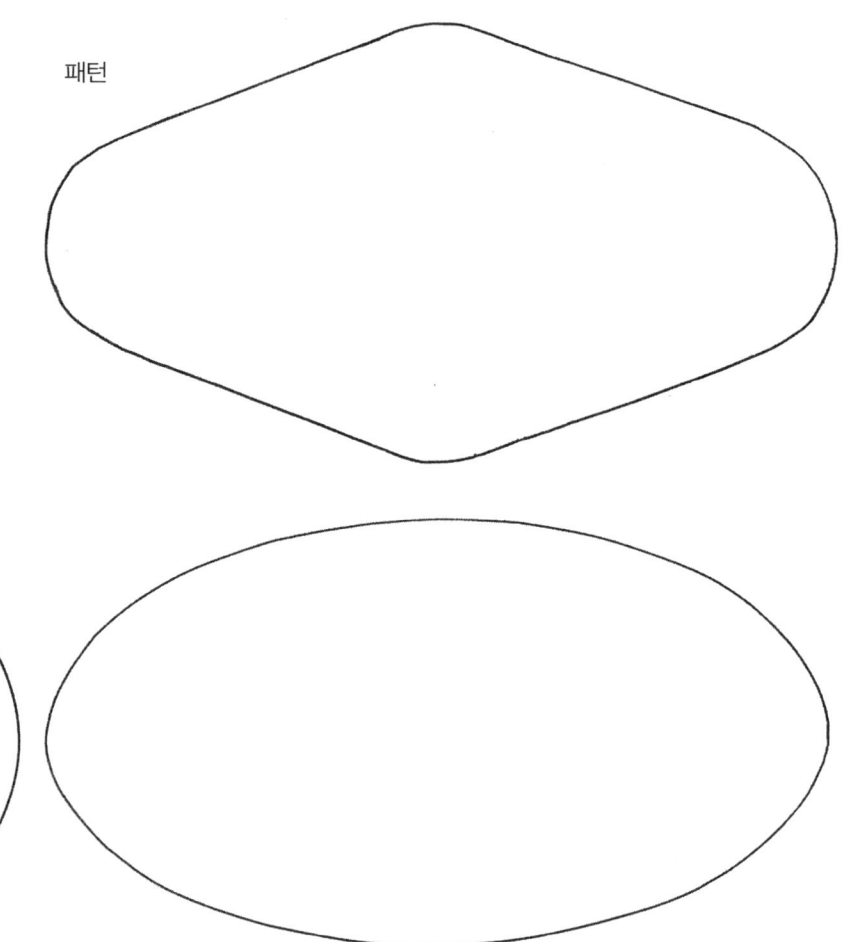

<만드는 방법>

1. 겉감 겉면에 도안을 옮기고 수를 놓는다. 안쪽에 패턴을 옮겨 그린 다음 시접 2cm를 남기고 재단한다.

2. 두꺼운 종이에 패턴을 옮겨 그리고 자른다. 안감용 펠트도 마찬가지로 재단한다.

3. 가장자리 1cm를 빙 둘러 홈질한 다음, 2의 두꺼운 종이를 천 안쪽에 대고 실을 당겨 종이를 감싼다.

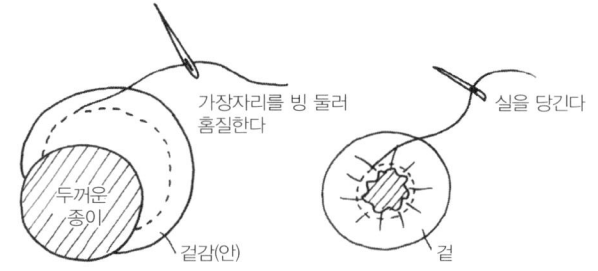

4. 실을 바짝 당기고, 겉의 자수가 중앙에 오도록 모양을 정돈한다.

5. 구슬매듭을 지어 실을 자르고 본드를 바른 펠트를 붙인다.

6. 자수 부분이 망가지지 않을 정도로 눌러 두고 몇 시간 동안 건조시킨다.

7. 송곳 등으로 구멍을 뚫고 펜치로 고리를 단다.

One point advice — 아웃라인 스티치(3가닥)로 테두리를 수놓은 후, 새틴 스티치(6가닥)로 면을 메워 완성한다.

아웃라인 S(3)

새틴 S(6)로 면을 메운다

아웃라인 S(3)

새틴 S(6)로 면을 메운다

One point advice

새틴 스티치 대신 체인 스티치(3가닥)로 면을 메워도 상관없다.

Break Time / 티 코지

page.046

<완성 사이즈>
28×19.5cm

<25번 자수실>……4묶음
도안 : DMC 3799(회색)
아이템 : DMC 3752(하늘색)

<재료>
겉감 : 리넨(회색) 35×25cm 2장
안감 : 퀼트지(원사) 35×25cm 2장
끈 : 리넨(회색) 4×10cm 1장

<만드는 방법>

1. 끈 용도의 천을 세 번 접고 가장자리를 박는다.

2. 겉감 두 장의 겉면에 도안을 옮기고 수를 놓는다. 안쪽에 패턴(page.098)을 옮겨 그린 다음 시접 1cm를 남기고 재단한다.

3. 겉감을 겉끼리 맞대고 윗부분에 1의 끈을 둘로 접어 끼워서 주머니 모양으로 박는다. (※그림A 참조)

4. 안감도 마찬가지로 재단해서 옆면 가운데에 창구멍 5cm를 남기고 겉감처럼 주머니 모양으로 박는다. (※그림B 참조)

5. 3과 4의 시접을 0.5cm 남기고 자른다. 곡선 부분의 시접에 가위집을 넣으면 뒤집었을 때 모양이 깔끔해진다.

6. 겉주머니와 안주머니를 겉끼리 맞닿도록 겹치고 주머니 입구를 박는다. (※그림C 참조)

7. 창구멍을 통해 겉으로 뒤집어 모양을 정돈하고 감침질해서 창구멍을 막는다. (※그림D 참조)

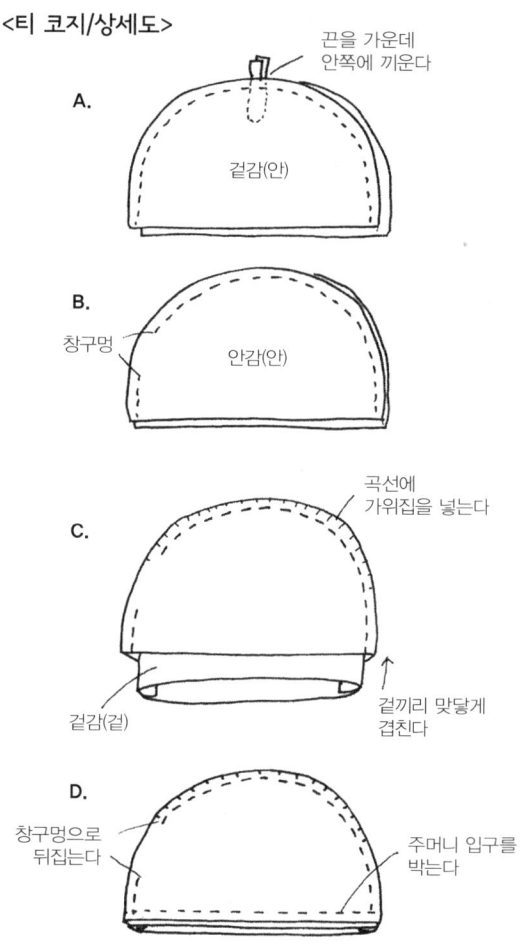

<티 코지/상세도>

※끈 외에는 부엌용 벙어리장갑(page.074)과 같은 방법.

패턴 (150% 확대해서 사용)

WELCOME / 웰컴 플래그
page.048

<완성 사이즈>
30×27cm

<25번 자수실>……2묶음
도안&아이템:DMC ecru(원사)
※태슬용 DMC 898(갈색) 1묶음

<재료>
겉감:리넨(갈색) 35×35cm 1장
안감:리넨(갈색) 35×35cm 1장
0.5cm 폭의 리넨 리본 25cm 4줄
태슬(갈색) 2개
(가로 5cm의 두꺼운 종이에 자수실을
20번 정도 감아서 만든 것)

<만드는 방법>

1. 겉감 겉면에 도안을 옮기고 수를 놓는다. 안쪽에 패턴을 옮겨 그린 다음, 시접 1cm를 남기고 재단한다. (※그림A 참조)

2. 안감도 마찬가지로 재단해서 겉감과 안감을 겉끼리 맞댄 다음, 그림 위치에 리본을 두 개씩 끼워서 창구멍 5cm를 남기고 빙 둘러 박는다. (※그림B 참조)

3. 창구멍을 통해 겉으로 뒤집어 모양을 정돈하고 감침질해서 창구멍을 막는다.

4. 아래쪽 양 끝에 태슬을 단다.
(page.100의 태슬 만드는 방법 참조)

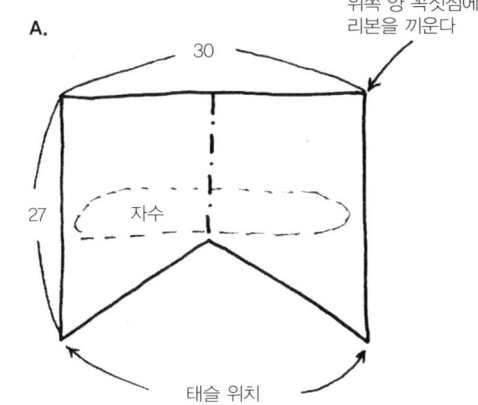

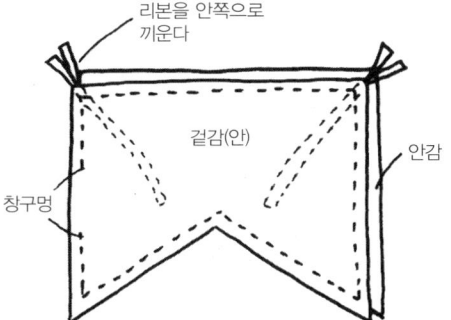

체인 S(3)로 메운다

체인 S(3)로 메운다

<태슬 만드는 방법>

1. 정해진 크기의 두꺼운 종이에 태슬용 자수실을 정해진 횟수만큼 감는다.

이와 별도로 30cm 길이의 실을 바늘에 꿰어 둔다. (모든 아이템 공통)

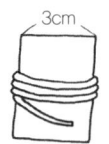

2. 두꺼운 종이에서 빼내어 한 곳을 동여맨다.

3. 달고 싶은 위치에 그대로 꿰맨 후 실을 자른다.

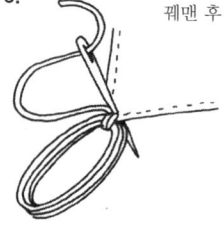

4. 0.5cm 위치를 동여맨다.

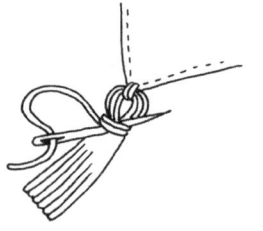

5. 가위로 끝을 정돈한다.

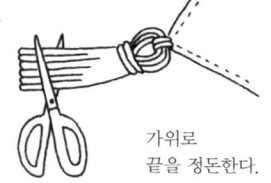

One point advice — 태슬 사이즈는 자수실을 감는 종이의 크기나 감는 횟수로 조절한다.

Cheers / 와인 백
page.050

<완성 사이즈>
16×36cm

<25번 자수실>……1묶음
아이템 : DMC B5200(흰색)

<재료>
겉감 : 리넨(검정) 20×85cm 1장
안감 : 퀼트지(원사) 20×85cm 1장
손잡이 끈 : 리넨(검정) 10×30cm 1장
3cm 폭의 리넨 리본(원사) 50cm 2줄

체인 S(6)를 2줄로 수놓는다

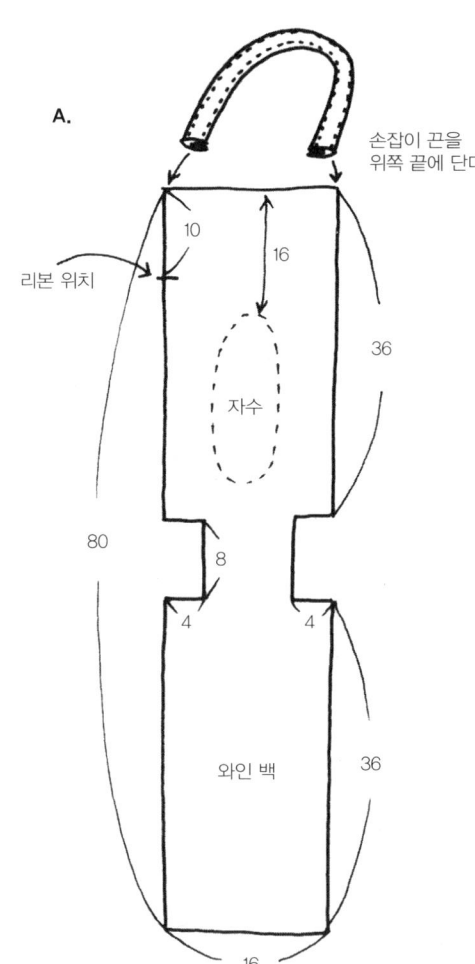

<만드는 방법>

1. 손잡이 끈용 천을 세 번 접고 가장자리를 박는다.

2. 겉감 겉면에 도안을 옮기고 수를 놓는다. 안쪽에 패턴을 옮겨 그린 다음, 시접 1cm를 남기고 재단한다. (※그림A 참조)

3. 겉감을 겉끼리 맞대서 반으로 접고, 리넨 리본을 그림의 위치에 끼운 후 양옆과 바닥을 주머니 모양으로 박는다. 안감도 마찬가지로 재단해서 양옆과 바닥을 주머니 모양으로 박는다.

4. 3의 겉주머니와 안주머니 입구의 시접 1cm를 안으로 접은 다음 겉주머니를 뒤집어 안주머니를 넣는다.

5. 안주머니와 겉주머니의 입구를 겹쳐 손잡이 끈을 그림처럼 끼우고 주머니 입구 끝에서 0.2cm 위치를 박는다. (※그림B 참조)

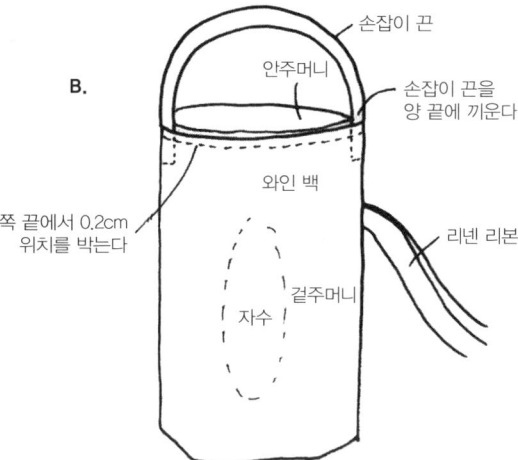

CONGRATULATION / 테이블클로스
page.051

<완성 사이즈>
40×29cm

<25번 자수실>……2묶음
아이템 : DMC 501(초록)

<재료>
겉감 : 리넨(흰색) 45×35cm 1장
안감 : 리넨(흰색) 45×35cm 1장

<만드는 방법>

1. 겉감 겉면에 도안을 수놓고 안쪽에 패턴(page.107)을 옮겨 그린 다음 시접 1cm를 남기고 재단한다.

2. 안감도 마찬가지로 재단해서 겉감과 안감을 겉끼리 맞댄 다음 창구멍 5cm를 남기고 빙 둘러 박는다.

3. 시접을 0.5cm 남기고 자른다. 곡선 부분의 시접에 가위집을 넣으면 뒤집었을 때 모양이 깔끔해진다.

4. 창구멍을 통해 겉으로 뒤집어 모양을 정돈하고, 감침질해서 창구멍을 막는다.

※지정된 곳 외에는 모두 체인 S(2)

패턴 (210% 확대해서 사용)

DRESS UP
옷걸이 커버
page.052

프렌치 노트 S(3)

글자의 굵은 부분은
아웃라인 S(3)와 체인 S(3)를
나란히 수놓는다

아웃라인 S(3)

<완성 사이즈>
47×22cm

<25번 자수실>……1묶음
도안:DMC 890(초록)
아이템:DMC 3041(보라)
※태슬용:DMC 5200(흰색) 2묶음

<재료>
겉감:리넨(흰색) 55×30cm 1장
안감:리넨(흰색) 55×30cm 1장
태슬(흰색) 16개
(3cm의 두꺼운 종이에 자수실을 10번 정도 감아서 만든 것)
옷걸이 1개

<만드는 방법>

1. 겉감 겉면에 도안을 수놓고 안쪽에 패턴(page.110)을 옮겨 그린 다음 시접 2cm를 남기고 재단한다.

2. 겉감 윗변과 아랫변을 두 번 접어 박는다. (※그림A 참조)

3. 안감도 마찬가지로 재단하고 위아래를 박는다.

4. 겉감과 안감을 겉끼리 맞대고 양옆을 박는다.

5. 시접을 0.3cm 남기고 자른다. 곡선 부분의 시접에 가위집을 넣으면 뒤집었을 때 모양이 깔끔해진다.

6. 뒤집어서 모양을 정돈하고 양쪽 끝에서 0.5cm 위치를 박는다. (※그림B 참조)

7. 아랫단에 태슬을 단다. (page.100 태슬 만드는 방법 참조)

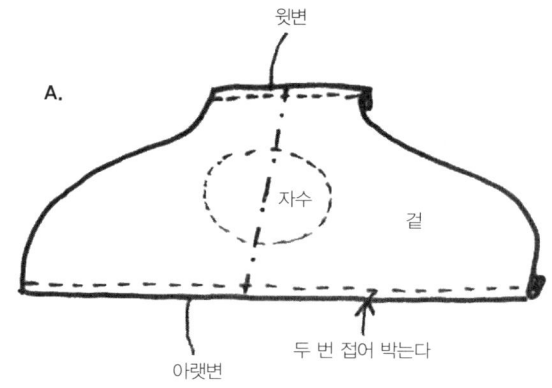

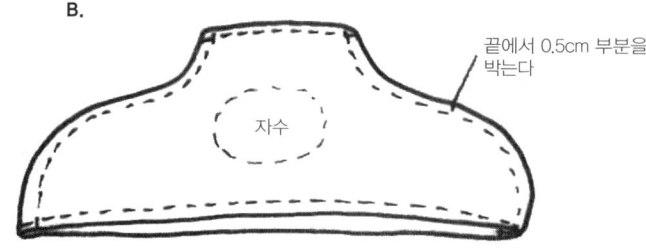

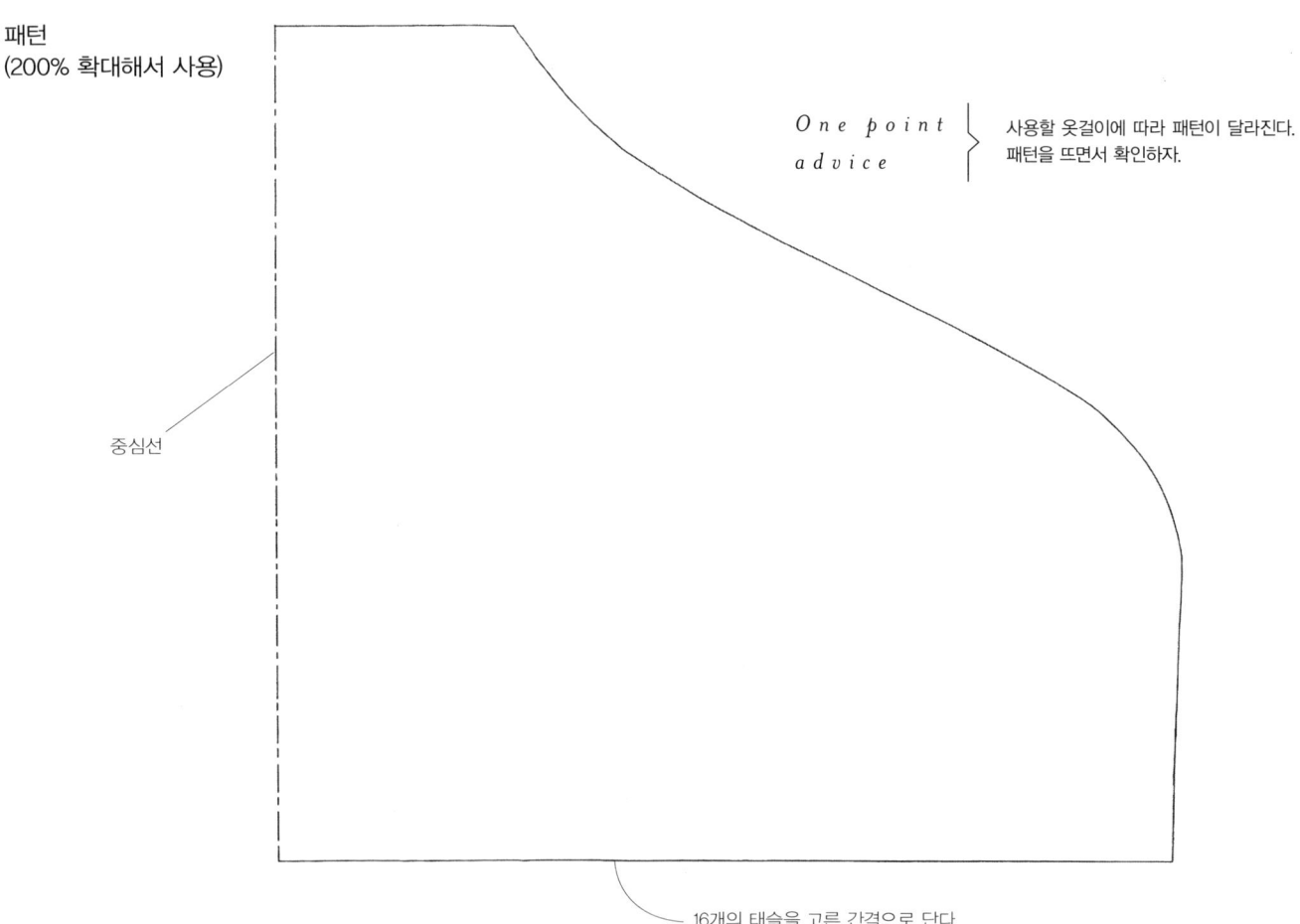

Thank you / MERCI
손수건
page.054

<25번 자수실>······1묶음
도안 : DMC 501(초록) / DMC 834(노랑)
아이템 : DMC 3328(핑크) / DMC 3041(보라)

<재료>

시판되는 리넨 손수건
또는 리넨 45×45cm 1장

<만드는 방법>

손수건 끝 적당한 위치에 도안을 옮기고 수를 놓는다.

체인 S(3)
체인 S(3)
체인 S(3)를 2줄로 수놓는다

체인 S(1)
짧은 선은 스트레이트 S(2)
아웃라인 S(2)로 글자 테두리를 만든다
체인 S(1)
체인 S(2)로 글자 안을 채운다

마음을 전하는 1색 자수와 작은 선물

2015년 11월 25일 초판 1쇄 발행
2019년 1월 10일 초판 4쇄 발행

저자	히구치 유미코
역자	서현아
감수	헬렌정(최수정)
발행인	황경태
편집상무	여영아
편집국장	최유성
편집	김은실 김혜정
제작부장	김장호
제작	김종훈 정은교
국제부국장	손지연
국제부	최재호 김형빈 김하얀 민현진
마케팅국장	최낙준
마케팅	김관동 이경진 김성준 심동수 고정아
디자인	DESIGN PLUS
발행처	(주)학산문화사
등록	1995년 7월 1일
등록번호	제3-632호
주소	서울특별시 동작구 상도로 282 학산빌딩
편집부	(02)828-8864
마케팅	(02)828-8961~2
홈페이지	www.haksanpub.co.kr

ISBN 979-11-256-4346-3 13630
값 11,000원

KOTOBA WO NOSETE TSUKURU
1 SHOKU SHISHUU NO CHIISA NA OKURIMONO
©YUMIKO HIGUCHI 2015
Originally published in Japan in 2015 by X-Knowledge Co., Ltd.
Korean translation rights arranged with X-Knowledge Co., Ltd.

이 책의 한국어판 저작권은 X-Knowledge Co., Ltd.와의
독점 계약으로 (주)학산문화사에 있습니다.
저작권법에 의해 한국 내에서 보호를 받는 저작물이므로 불법 복제와 스캔 등을 이용한
무단 전재 및 유포, 공유 시 법적 제재를 받게 됨을 알려드립니다.